O Conflito Territorial em Ebulição

Entenda As Tensões Explosivas entre Venezuela e Guiana pelo Essequibo e os Recursos que Desencadeiam uma Disputa Regional

Professor: João Monteiro de Castro

1. INTRODUÇÃO

• Contexto histórico da disputa

Contexto Histórico da Disputa entre Venezuela e Guiana pelo Essequibo

A intricada disputa territorial entre Venezuela e Guiana pelo Essequibo remonta a um intricado cenário histórico de colonialismo e fronteiras mal definidas na América do Sul. Durante os séculos XVIII e XIX, as potências europeias, em sua busca por expansão territorial e recursos, desenharam mapas que, muitas vezes, desconsideravam a diversidade geográfica e étnica das regiões colonizadas.

No contexto específico da região do Essequibo, a Grã-Bretanha e a Holanda desempenharam papéis cruciais. O Tratado de Londres de 1814 foi uma tentativa de estabelecer fronteiras entre as possessões britânicas e holandesas na América do Sul, mas suas delimitações eram vagas e, por vezes, subjetivas.

O momento crítico surgiu em 1899, quando um tribunal de arbitragem internacional, conhecido como o "Laudo de Paris", foi convocado para resolver as disputas territoriais entre a Grã-Bretanha e a Venezuela. Este laudo atribuiu a maior parte da região do Essequibo à Guiana Britânica, decisão que gerou descontentamento significativo na Venezuela.

A posição venezuelana, no pós-laudo, destacou a contestação da validade do acordo, argumentando que a arbitragem não deveria ter sido aceita. As sementes do descontentamento foram semeadas, criando uma base para tensões futuras entre os dois países.

Ao longo das décadas, a independência da Guiana em 1966 e a descoberta de vastos depósitos de petróleo na região do Essequibo em 2015 apenas acentuaram as disputas territoriais. A questão tornou-se não apenas uma luta por território, mas também uma batalha por acesso a recursos naturais valiosos.

Este contexto histórico complexo estabeleceu as bases para as disputas territoriais e as tensões que persistem até os dias de hoje, envolvendo não apenas questões geográficas, mas também interesses políticos, econômicos e estratégicos que moldam a dinâmica entre Venezuela e Guiana na busca por uma resolução para o contencioso do Essequibo.

- **Importância estratégica e econômica da região do Essequibo**

A região do Essequibo não é apenas o epicentro de uma disputa territorial entre Venezuela e Guiana; ela também carrega uma significativa importância estratégica e econômica que intensifica as tensões entre os dois países.

1. Recursos Naturais:

- *Petróleo:* A descoberta de vastas reservas de petróleo ao largo da costa do Essequibo despertou um interesse considerável. O controle sobre essa riqueza energética pode transformar a economia de qualquer nação, tornando a região um ponto crucial para o desenvolvimento econômico.

2. Potencial Agrícola:

- *Terras Férteis:* Além do petróleo, a região é dotada de terras férteis, oferecendo oportunidades para a agricultura e a produção de alimentos. O controle sobre essas terras pode impactar diretamente a segurança alimentar e a economia agrícola.

3. Acesso ao Oceano Atlântico:

- *Posição Geográfica:* O Essequibo possui acesso direto ao Oceano Atlântico, conferindo um valor estratégico em termos de comércio internacional e navegação. O controle sobre essa saída para o mar pode influenciar a projeção de poder e a conectividade econômica.

4. Implicações Políticas e Diplomáticas:

- *Influência Regional:* O controle sobre o Essequibo não se limita apenas às questões nacionais; ele também tem implicações regionais. O desfecho da disputa pode influenciar alianças políticas e relações diplomáticas na América do Sul, criando uma dinâmica que vai além das fronteiras diretamente envolvidas.

5. Desenvolvimento Sustentável:

- *Potencial de Desenvolvimento:* O Essequibo oferece oportunidades para iniciativas de desenvolvimento sustentável. A gestão eficiente dos recursos naturais pode contribuir para o progresso econômico e social, mas a disputa territorial cria desafios para a implementação de tais iniciativas.

A convergência desses fatores faz com que a região do Essequibo seja um ponto de grande importância estratégica e econômica. As disputas em torno dela não apenas refletem as rivalidades históricas, mas também encapsulam a busca por controle sobre recursos cruciais para o desenvolvimento e a prosperidade das nações envolvidas. A resolução dessas tensões é vital não apenas para os países diretamente afetados, mas

também para a estabilidade e colaboração na região
como um todo.

2. ANTECEDENTES HISTÓRICOS

• Período colonial na região

Período Colonial na Região do Essequibo: Raízes Históricas da Disputa Venezuela-Guiana

O período colonial na região do Essequibo desempenhou um papel fundamental na formação das bases territoriais e nas disputas que viriam a moldar as relações entre Venezuela e Guiana. Durante os séculos XVIII e XIX, as potências europeias competiam por territórios, recursos e influência na América do Sul, e a região do Essequibo não escapou dessa dinâmica.

1. Presença Holandesa:

- *Estabelecimento de Colônias:* Os holandeses foram os primeiros europeus a estabelecer presença significativa na região, fundando colônias ao longo do rio Essequibo. Sua presença deixou uma marca na demografia e na cultura local.

2. Disputas Europeias:

- *Guerras Coloniais:* As potências europeias frequentemente se envolviam em conflitos coloniais, transferindo territórios entre si. As disputas territoriais eram comuns, e as fronteiras muitas vezes eram delineadas sem considerar totalmente as características geográficas e étnicas das regiões em questão.

3. Tratado de Londres (1814):

- *Fronteiras Imprecisas:* O Tratado de Londres de 1814 entre a Grã-Bretanha e a Holanda buscava estabelecer fronteiras claras na América do Sul. Contudo, as delimitações eram vagas e abertas a interpretações, criando um terreno propício para disputas futuras.

4. Impacto na Demografia e Cultura:

- *Mestiçagem e Diversidade:* A presença de diferentes potências coloniais e a interação com populações indígenas e africanas contribuíram para a formação de uma sociedade diversificada e mestiça na região.

5. Laudo de Paris (1899):

- *Arbitragem Internacional:* As disputas territoriais entre a Grã-Bretanha e a Venezuela foram levadas a um tribunal de arbitragem internacional em Paris, resultando no Laudo de Paris em 1899. Este laudo definiu as fronteiras, mas sua interpretação contestada posteriormente contribuiu para a persistência das tensões.

O legado do período colonial na região do Essequibo é evidente na complexidade das fronteiras e nas questões territoriais que perduram até os dias de hoje. As decisões tomadas durante esse período moldaram não apenas as linhas no mapa, mas também as dinâmicas culturais, demográficas e geopolíticas que continuam a influenciar a região e a disputa em curso entre Venezuela e Guiana.

• Tratado de Londres de 1814

Tratado de Londres de 1814: Impacto na Região do Essequibo

O Tratado de Londres de 1814 desempenhou um papel crucial na definição das fronteiras na América do Sul, incluindo a região do Essequibo, e teve implicações significativas para as futuras disputas territoriais entre Venezuela e Guiana. Este tratado foi resultado das negociações entre a Grã-Bretanha e a Holanda após as Guerras Napoleônicas e tinha como objetivo estabelecer fronteiras claras entre suas possessões coloniais.

1. Contexto Histórico:

- *Guerras Napoleônicas:* O contexto das Guerras Napoleônicas influenciou a necessidade de redefinir as fronteiras coloniais após a restauração da monarquia na Europa.

2. Disputas Colonais:

- *Competição Europeia:* As potências coloniais frequentemente disputavam territórios na América do Sul, buscando consolidar e expandir suas possessões.

3. Fronteiras Mal Definidas:

- *Desafios na Delimitação:* As fronteiras estabelecidas no tratado eram frequentemente vagas e imprecisas, especialmente em áreas geograficamente complexas como a região do Essequibo.

4. Relevância para o Essequibo:

- *Inclusão na Delimitação:* O tratado tratou das fronteiras entre as colônias britânicas e holandesas na América do Sul, incluindo a área do Essequibo.

5. Disputas Territoriais Posteriores:

- *Legado Contestado:* A interpretação das cláusulas do tratado se tornou objeto de disputa, particularmente no que diz respeito às reivindicações venezuelanas sobre o Essequibo.

6. Laudo de Paris (1899):

- *Arbitragem Internacional:* A contestação das fronteiras definidas pelo Tratado de Londres levou à arbitragem internacional em Paris, resultando no Laudo de Paris em 1899, que afetou diretamente a configuração territorial da região.

7. Impacto Contínuo:

- *Tensões Duradouras:* O tratado estabeleceu um marco, mas suas limitações na delimitação territorial e interpretação posterior contribuíram para as tensões persistentes entre Venezuela e Guiana em relação ao Essequibo.

O Tratado de Londres de 1814, embora destinado a fornecer clareza nas fronteiras coloniais, acabou semeando as sementes de disputas futuras. Sua imprecisão e as disputas decorrentes destacam como as decisões coloniais continuam a moldar as relações geopolíticas na região do Essequibo até os dias atuais.

3. LAUDO DE PARIS (1899)

• Arbitragem internacional para resolver as disputas

O Laudo de Paris, emitido em 1899, foi um importante marco na tentativa de resolver as disputas territoriais entre Venezuela e Guiana sobre a região do Essequibo. Aqui estão alguns pontos chaves relacionados ao Laudo de Paris e à arbitragem internacional:

1. Contexto Histórico:

- No final do século XIX, as disputas territoriais entre Venezuela e Guiana em relação ao Essequibo alcançaram um impasse. Ambos os países reivindicavam soberania sobre a região, e as negociações diretas não levaram a uma resolução.

2. Arbitragem pelo Laudo de Paris (1899):

- Diante da falta de progresso nas negociações bilaterais, as partes concordaram em submeter a disputa a um tribunal de arbitragem internacional. A arbitragem foi realizada em Paris, França, e o Laudo de Paris foi emitido em 3 de outubro de 1899.

3. Presidente do Tribunal Arbitral:

- O tribunal arbitral foi presidido por Friedrich Martens, um jurista russo. Os árbitros representavam diferentes potências europeias da época.

4. Decisões do Laudo:

- O Laudo de Paris definiu os limites entre Venezuela e Guiana na região do Essequibo. No geral, o laudo favoreceu a posição da Guiana Britânica (atual Guiana), atribuindo grande parte da região disputada a ela.

5. Aceitação e Contestação:

- A decisão do Laudo de Paris foi aceita pela Guiana Britânica e pelas potências europeias envolvidas na arbitragem. No entanto, a Venezuela inicialmente contestou a decisão, alegando que o laudo não era válido.

6. Impactos Posteriores:

- O Laudo de Paris estabeleceu os limites territoriais entre Venezuela e Guiana na região do Essequibo por um longo período. No entanto, as controvérsias e tensões sobre a validade e justiça do laudo persistiram ao longo do tempo.

7. Legado e Controvérsias:

- O Laudo de Paris moldou a configuração territorial na região, mas a contestação por parte da Venezuela contribuiu para as disputas territoriais subsequentes. O legado do laudo ainda é citado em debates sobre a soberania do Essequibo.

8. Relevância Atual:

- A despeito do Laudo de Paris, a disputa territorial entre Venezuela e Guiana sobre o Essequibo não foi completamente resolvida, e questões relacionadas à validade do laudo permanecem um tema de controvérsia.

O Laudo de Paris foi um exemplo significativo de arbitragem internacional no contexto das disputas territoriais, mas, como em muitos casos, não eliminou completamente as tensões a longo prazo entre as partes envolvidas.

- **Consequências do Laudo de Paris para a Venezuela e a Guiana**

As consequências do Laudo de Paris, emitido em 1899, foram significativas para tanto a Venezuela quanto a Guiana. Aqui estão algumas das principais implicações para cada país:

Para a Guiana (então Guiana Britânica):

1. **Consolidação Territorial:**

   - O Laudo de Paris estabeleceu os limites territoriais entre a Guiana Britânica (atual Guiana) e a Venezuela na região do Essequibo. Isso resultou na consolidação da soberania britânica sobre a maior parte da região disputada.

2. **Estabilidade e Desenvolvimento:**

   - Com a definição clara dos limites, a Guiana Britânica experimentou uma maior estabilidade territorial. Isso contribuiu para um ambiente mais propício ao desenvolvimento econômico e à governança na região.

3. **Reconhecimento Internacional:**

- O Laudo de Paris recebeu reconhecimento internacional, fortalecendo a posição da Guiana Britânica como uma entidade soberana e contribuindo para sua inserção no contexto das relações internacionais.

Para a Venezuela:

1. **Contestação do Laudo:**

   - A Venezuela inicialmente contestou o Laudo de Paris, alegando que o tribunal de arbitragem não tinha jurisdição ou que a decisão era inválida. Esse sentimento de contestação e insatisfação persistiu ao longo do tempo.

2. **Ressentimento Nacional:**

   - O resultado do Laudo de Paris gerou ressentimento nacional na Venezuela, alimentado pela percepção de que o país havia perdido território considerável. Essa questão tornou-se uma parte integral da identidade nacional e alimentou tensões diplomáticas subsequentes.

3. **Persistência das Disputas:**

- A contestação inicial e o ressentimento relacionado ao Laudo de Paris contribuíram para a persistência das disputas territoriais entre Venezuela e Guiana. Ao longo das décadas, essas tensões continuaram, tornando a questão do Essequibo uma preocupação duradoura na política externa venezuelana.

4. **Impacto nas Relações Bilaterais:**

- As controvérsias em torno do Laudo de Paris afetaram as relações bilaterais entre Venezuela e Guiana. As disputas territoriais tornaram-se um ponto de tensão recorrente nas relações entre os dois países ao longo do tempo.

Em resumo, o Laudo de Paris teve um impacto significativo na configuração territorial da Guiana Britânica (Guiana) e na percepção da Venezuela sobre suas fronteiras. As consequências dessas decisões continuaram a se manifestar nas relações entre os dois países e influenciaram o contexto geopolítico da região do Essequibo ao longo do século XX e início do século XXI.

4. DESCONTENTAMENTO VENEZUELANO

Arbitragem Internacional: O Caminho Controverso para Resolver as Disputas Territoriais entre Venezuela e Guiana sobre o Essequibo

A busca por uma solução para as disputas territoriais entre Venezuela e Guiana sobre o Essequibo levou a uma etapa crucial: a arbitragem internacional. Esse processo, destinado a fornecer uma resolução imparcial, teve um papel central na tentativa de colocar um ponto final nas tensões históricas.

1. Laudo de Paris (1899):

- *Convocação do Tribunal:* O Laudo de Paris foi o resultado de uma arbitragem internacional realizada em 1899 para resolver as disputas territoriais entre a Grã-Bretanha e a Venezuela. Este tribunal foi responsável por interpretar e aplicar as cláusulas do Tratado de Londres de 1814.

2. Decisões Contestadas:

- *Interpretação e Descontentamento:* O laudo atribuiu a maior parte da região do Essequibo à Guiana Britânica, resultando em insatisfação por parte da Venezuela, que contestou a validade do processo e do veredicto.

3. Tentativas de Mediação e Diálogo:

- *Intervenção Diplomática:* Após o Laudo de Paris, houve várias tentativas de mediação por parte de organizações internacionais e líderes mundiais para promover o diálogo entre as partes e buscar uma resolução consensual.

4. Papel Atual das Organizações Internacionais:

- *Envolvimento da ONU e OEA:* Organizações como as Nações Unidas (ONU) e a Organização dos Estados Americanos (OEA) têm desempenhado papéis na facilitação de discussões e na promoção de soluções pacíficas.

5. Desafios na Implementação:

- *Persistência das Tensões:* Apesar dos esforços de arbitragem e mediação, as tensões territoriais persistem, indicando a complexidade e a sensibilidade do assunto.

6. Recurso à Justiça Internacional:

- *Perspectivas Futuras:* Há discussões sobre a possibilidade de recorrer a instâncias de justiça internacional para resolver as disputas, embora isso também possa ser um processo demorado e desafiador.

A arbitragem internacional, embora tenha sido um passo significativo na tentativa de resolver as disputas territoriais, não conseguiu proporcionar uma solução duradoura e consensual. O desafio reside não apenas na interpretação de acordos do passado, mas também na gestão das complexas dinâmicas políticas, econômicas e sociais que envolvem a região do Essequibo. Enquanto as organizações internacionais continuam a desempenhar um papel crucial, a busca por uma resolução duradoura permanece uma tarefa complexa e multifacetada.

Alegações de Nulidade do Acordo: A Controvérsia Venezuelana sobre o Laudo de Paris (1899) na Disputa do Essequibo

As alegações de nulidade do Laudo de Paris (1899) têm sido um ponto central na narrativa venezuelana em relação à disputa territorial com a Guiana sobre o Essequibo. Essa controvérsia destaca as complexidades legais e políticas envolvidas na busca por reavaliar as decisões do passado.

1. Questionamento da Validade:

- *Fundamentação Venezuelana:* A Venezuela tem consistentemente argumentado que o Laudo de Paris é nulo, baseando suas alegações em várias premissas, incluindo supostas irregularidades no processo de arbitragem e na interpretação das cláusulas do Tratado de Londres de 1814.

2. Irregularidades Processuais:

- *Alegações de Coerção:* A Venezuela afirmou que durante o processo de arbitragem, houve pressão e coerção por parte dos representantes britânicos sobre o árbitro, alegando que isso comprometeu a imparcialidade e validade do laudo.

3. Interpretação do Tratado de Londres (1814):

- *Argumento sobre Interpretação:* A Venezuela contesta a interpretação dada ao Tratado de Londres de 1814, argumentando que as cláusulas foram mal interpretadas ou aplicadas de maneira inadequada no Laudo de Paris.

4. Perspectiva Histórica e Nacional:

- *Legitimidade Nacional:* O questionamento da validade do laudo é muitas vezes enraizado em uma perspectiva nacionalista, com a Venezuela defendendo a soberania sobre o Essequibo como um ponto de orgulho e integridade territorial.

5. Impacto nas Relações Bilaterais:

- *Desafios Diplomáticos:* As alegações de nulidade têm impacto nas relações diplomáticas entre Venezuela e Guiana, adicionando uma camada de complexidade às negociações bilaterais e à busca por uma resolução pacífica.

6. Obstáculo para Resolução:

- *Dificuldade na Mediação:* O conflito sobre a validade do laudo apresenta um desafio adicional para a mediação internacional, tornando difícil alcançar um consenso sobre os próximos passos na resolução da disputa.

Essas alegações de nulidade do acordo são mais do que uma questão legal; elas encapsulam as profundas discordâncias históricas e políticas entre Venezuela e Guiana. Enquanto a Venezuela busca reavaliar o Laudo de Paris como parte de sua busca por soberania sobre o Essequibo, a Guiana e a comunidade internacional enfrentam o desafio de encontrar uma plataforma comum que permita a resolução pacífica e duradoura dessa disputa territorial.

5. EVENTOS RECENTES

Eventos Recentes na Disputa do Essequibo: A Descoberta de Recursos Naturais e suas Implicações

Nos eventos mais recentes que envolvem a disputa territorial entre Venezuela e Guiana sobre o Essequibo, a descoberta de recursos naturais, especialmente depósitos significativos de petróleo, trouxe uma nova dimensão à controvérsia. Esta descoberta não apenas intensificou as tensões existentes, mas também alterou consideravelmente o panorama econômico e geopolítico na região.

1. Descoberta de Reservas de Petróleo (2015):

- *Exploração pela ExxonMobil:* A ExxonMobil anunciou a descoberta de extensos depósitos de petróleo na costa do Essequibo em 2015. Essa descoberta revelou o potencial transformador da região em termos de riqueza e produção energética.

2. Impacto Econômico e Estratégico:

- *Riqueza Energética:* A presença de petróleo acrescentou um componente econômico crucial à disputa. O controle sobre esses recursos pode moldar significativamente o futuro econômico de qualquer país que detenha a soberania sobre a região.

3. Negociações Contratuais e Exploração Contínua:

- *Contratos de Exploração:* As empresas de energia, incluindo a ExxonMobil, estabeleceram contratos de exploração na região, intensificando ainda mais o interesse e a competição pelo controle dos recursos.

4. Tensões Agravadas:

- *Aumento das Disputas:* A descoberta de petróleo agravou as tensões entre Venezuela e Guiana, levando a um aumento nas disputas territoriais e reforçando as reivindicações de ambas as partes sobre a região do Essequibo.

5. Papel das Potências Externas:

- *Influência Internacional:* A presença de valiosos recursos naturais atraiu a atenção de potências internacionais, cada uma buscando proteger seus interesses e influenciar o resultado das disputas.

6. Desafios para Resolução Pacífica:

- *Complexidade Adicional:* A presença de recursos naturais valiosos acrescentou uma camada de complexidade à busca por uma resolução pacífica, tornando as negociações mais desafiadoras e as posições mais enraizadas.

A descoberta de petróleo na região do Essequibo não apenas alterou o cenário econômico local, mas também redefiniu as dinâmicas geopolíticas da disputa. O equilíbrio entre a busca por riqueza econômica e a necessidade de uma resolução diplomática duradoura continua a ser um desafio para todas as partes envolvidas e para a comunidade internacional que procura facilitar um entendimento mútuo.

Aumento das Tensões nos Anos Mais Recentes: Desdobramentos na Disputa do Essequibo entre Venezuela e Guiana

Nos últimos anos, a disputa pelo Essequibo entre Venezuela e Guiana experimentou um aumento significativo das tensões, impulsionado por uma série de eventos e desenvolvimentos que exacerbaram as rivalidades históricas. Esses acontecimentos destacam a complexidade e a sensibilidade da situação, que vai além das fronteiras territoriais.

1. Descoberta de Recursos Naturais:

- *Riqueza Petrolífera:* A descoberta de extensas reservas de petróleo na costa do Essequibo, em 2015, trouxe uma dimensão econômica e estratégica à disputa, gerando competição acirrada pelo controle desses recursos valiosos.

2. Posicionamento Nacionalista:

- *Retórica Nacionalista:* Ambos os países têm adotado posições nacionalistas, defendendo com firmeza suas reivindicações territoriais. A questão tornou-se uma fonte de orgulho nacional, tornando as negociações mais desafiadoras.

3. Incidências na Zona de Fronteira:

- *Confrontos Esporádicos:* Incidentes esporádicos na zona de fronteira, incluindo a presença de embarcações militares, aumentaram as tensões, levando a preocupações sobre possíveis confrontos armados.

4. Implicações Geopolíticas:

- *Influência de Potências Externas:* A presença de recursos naturais atraiu a atenção de potências externas, cada uma buscando proteger seus interesses e influenciar o desenrolar da disputa, adicionando complexidade ao cenário.

5. Diálogo Estagnado:

- *Fracasso nas Negociações:* As tentativas de diálogo e mediação internacional não alcançaram resultados significativos, resultando em um impasse prolongado e contribuindo para o aumento das tensões.

6. Papel da Comunidade Internacional:

- *Envolvimento Internacional:* Organizações internacionais, como a ONU e a OEA, têm tentado facilitar um diálogo construtivo, mas as divergências persistem, indicando a dificuldade de alcançar uma solução consensual.

7. Impacto na Estabilidade Regional:

- *Desafios para a Estabilidade:* A persistência das tensões tem implicações mais amplas para a estabilidade regional na América do Sul, potencialmente afetando as relações entre os países vizinhos.

O aumento das tensões nos anos mais recentes na disputa do Essequibo destaca a urgência de encontrar uma resolução pacífica e duradoura. À medida que a competição por recursos naturais se intensifica, o desafio reside não apenas em resolver questões territoriais, mas também em construir confiança mútua e fomentar uma cooperação regional mais ampla.

6. ESFORÇOS DE MEDIAÇÃO INTERNACIONAL

Intervenção de Organizações como a ONU na Disputa do Essequibo: Busca por uma Resolução Pacífica

A disputa do Essequibo entre Venezuela e Guiana atraiu a atenção de organizações internacionais, com a ONU (Organização das Nações Unidas) desempenhando um papel crucial na tentativa de facilitar um diálogo construtivo e alcançar uma resolução pacífica para a controvérsia territorial.

1. Facilitação do Diálogo:

- *Mediação e Facilitação:* A ONU tem buscado mediar as negociações entre os dois países, proporcionando uma plataforma neutra para o diálogo e promovendo a busca por soluções consensuais.

2. Papel da ONU como Árbitro Neutro:

- *Imagem de Neutralidade:* A presença da ONU é crucial para fornecer uma imagem de neutralidade e imparcialidade, essencial para ganhar a confiança de ambas as partes envolvidas na disputa.

3. Incentivo à Resolução Pacífica:

- *Compromisso com a Paz:* A ONU reitera constantemente seu compromisso com a resolução pacífica de disputas territoriais, incentivando os países a buscar soluções diplomáticas em conformidade com o direito internacional.

4. Monitoramento e Relatórios:

- *Acompanhamento Regular:* A organização realiza monitoramentos regulares da situação na região, produzindo relatórios que destacam desenvolvimentos relevantes e oferecem análises para promover a compreensão mútua.

5. Incentivo ao Respeito ao Direito Internacional:

- *Ênfase nas Normas Internacionais:* A ONU enfatiza a importância do respeito ao direito internacional, instando os países envolvidos a aderirem aos princípios e tratados que regem disputas territoriais.

6. Desafios e Limitações:

- *Limitações na Implementação:* Apesar dos esforços da ONU, a implementação de suas recomendações e resoluções muitas vezes enfrenta desafios, dada a complexidade e a natureza sensível da disputa.

7. Cooperação Regional:

- *Envolvimento da OEA e Outras Organizações:* Além da ONU, a OEA (Organização dos Estados Americanos) e outras organizações regionais também têm se envolvido na busca por soluções, refletindo a importância da cooperação regional.

A intervenção de organizações internacionais, como a ONU, destaca a necessidade de um esforço conjunto para encontrar uma solução duradoura para a disputa do Essequibo. Embora haja desafios, a persistência dessas organizações em facilitar o diálogo e promover a resolução pacífica é essencial para mitigar as tensões e construir um caminho em direção à estabilidade na região.

Tentativas de Facilitar o Diálogo entre Venezuela e Guiana na Disputa do Essequibo: Busca por Soluções Consensuais

A disputa do Essequibo entre Venezuela e Guiana tem sido marcada por diversas tentativas de facilitar o diálogo entre os dois países, com a intenção de alcançar uma resolução pacífica para as tensões territoriais. Esses esforços visam promover a compreensão mútua, encontrar soluções consensuais e estabelecer bases para uma cooperação regional mais ampla.

1. Mediação por Organizações Internacionais:

- *ONU e OEA:* Organizações como a ONU (Organização das Nações Unidas) e a OEA (Organização dos Estados Americanos) têm se envolvido ativamente na mediação e facilitação de diálogos entre Venezuela e Guiana, fornecendo uma plataforma neutra e imparcial para as negociações.

2. Encontros Bilaterais e Fóruns Regionais:

- *Reuniões de Cúpula:* Líderes de ambos os países têm participado de encontros bilaterais e fóruns regionais, aproveitando a oportunidade para discutir diretamente as questões em disputa e explorar possíveis soluções.

3. Participação de Terceiros Facilitadores:

- *Envolvimento de Facilitadores Externos:* Em alguns casos, terceiros países ou líderes regionais têm agido como facilitadores, ajudando a suavizar as relações e criar um ambiente propício para o diálogo.

4. Diálogo Diplomático Direto:

- *Comunicação Diplomática:* Os canais de comunicação diplomática direta têm sido utilizados para manter um diálogo contínuo, permitindo a troca de perspectivas e propostas para a resolução do conflito.

5. Propostas de Solução e Compromissos:

- *Formulação de Propostas:* Durante as negociações, várias propostas e compromissos têm sido apresentados como formas de superar impasses e encontrar soluções intermediárias.

6. Incentivo à Colaboração em Setores Não-Controversos:

- *Cooperação em Setores Não-Controversos:* Algumas tentativas de diálogo enfocam a cooperação em áreas onde não há disputas territoriais, buscando construir confiança gradualmente.

7. Sensibilização Pública e Diplomacia de Opinião:

- *Engajamento da Opinião Pública:* A conscientização pública sobre a importância de uma resolução pacífica tem sido promovida como parte da estratégia, influenciando a percepção pública e fortalecendo o apoio à diplomacia.

Apesar desses esforços, a complexidade da disputa e as divergências profundas entre as partes tornam desafiadora a tarefa de alcançar uma solução duradoura. A persistência nessas tentativas de facilitar o diálogo reflete o reconhecimento de que a resolução pacífica da disputa do Essequibo é essencial para a estabilidade regional e para o desenvolvimento sustentável de ambos os países.

7. IMPLICAÇÕES POLÍTICAS E ECONÔMICAS

Implicações Políticas e Econômicas da Disputa do Essequibo nas Relações Bilaterais entre Venezuela e Guiana

A disputa do Essequibo entre Venezuela e Guiana não apenas molda a dinâmica territorial, mas também tem implicações políticas e econômicas profundas, impactando as relações bilaterais entre os dois países de várias maneiras.

1. Tensões Políticas Persistentes:

- *Desconfiança Mútua:* A disputa territorial contribui para um clima de desconfiança mútua entre Venezuela e Guiana. As reivindicações concorrentes sobre o Essequibo alimentam tensões políticas, tornando desafiador estabelecer uma cooperação substancial em outros domínios.

2. Desafios para a Diplomacia:

- *Limitações nas Relações Diplomáticas:* A controvérsia do Essequibo impõe limitações à eficácia da diplomacia entre os dois países. Questões territoriais muitas vezes prejudicam a capacidade de abordar outras preocupações mútuas e colaborar em iniciativas regionais.

3. Impacto na Cooperação Regional:

- *Dificuldades na Integração Regional:* A persistência da disputa dificulta a integração regional. Os países vizinhos podem ser cautelosos em participar de acordos ou iniciativas que envolvam Venezuela e Guiana, receando possíveis tensões.

4. Potencial para Conflitos Armados:

- *Risco de Confrontos Militares:* A disputa territorial pode aumentar o risco de conflitos militares. Incidentes fronteiriços e a presença militar na região do Essequibo elevam a preocupação sobre a possibilidade de confrontos armados.

5. Desafios Econômicos:

- *Impacto na Exploração de Recursos:* A incerteza sobre a soberania da região do Essequibo pode afetar investimentos estrangeiros na exploração de recursos naturais, incluindo petróleo. A falta de clareza territorial pode desencorajar empresas de participar plenamente na região.

6. Potencial para Cooperação Econômica:

- *Desafios para a Cooperação Econômica:* A disputa territorial cria barreiras para a cooperação econômica. Acordos bilaterais e projetos conjuntos podem ser prejudicados pela relutância em investir em uma região cuja soberania é contestada.

7. Papel de Potências Externas:

- *Influência de Terceiros:* O envolvimento de potências externas em apoio a um dos países pode complicar ainda mais as relações bilaterais. O alinhamento com atores externos pode intensificar as tensões e dificultar a busca por soluções consensuais.

8. Impacto na Imagem Internacional:

- *Repercussões na Imagem Internacional:* A persistência da disputa pode afetar a imagem internacional de ambos os países. A incapacidade de resolver a controvérsia pode ser percebida como um obstáculo para a estabilidade e o desenvolvimento.

A disputa do Essequibo não é apenas um desafio territorial, mas um fator que molda significativamente as relações bilaterais entre Venezuela e Guiana. Enquanto as tensões persistirem, será difícil para ambos os países explorarem totalmente o potencial de cooperação política e econômica que poderia beneficiar toda a região. A busca por uma resolução pacífica e duradoura continua a ser crucial para atenuar essas implicações negativas

Consequências Econômicas para Venezuela e Guiana devido à Disputa do Essequibo

A disputa territorial do Essequibo entre Venezuela e Guiana tem implicações econômicas significativas para ambos os países, afetando setores-chave como investimentos, exploração de recursos naturais e cooperação regional. As consequências econômicas refletem os desafios resultantes da incerteza territorial e das tensões políticas associadas.

1. Investimentos Estrangeiros e Exploração de Recursos:

- *Impacto na Confiança dos Investidores:* A incerteza em torno da soberania do Essequibo pode afetar a confiança dos investidores estrangeiros. Empresas podem hesitar em realizar investimentos significativos na região, especialmente na exploração de recursos naturais como petróleo, devido ao risco político associado.

2. Potencial para Desenvolvimento Econômico Bloqueado:

- *Restrições ao Desenvolvimento Regional:* A disputa territorial pode limitar o potencial de desenvolvimento econômico regional. Projetos conjuntos e iniciativas de integração econômica podem ser prejudicados devido à relutância em investir em uma área com controvérsias territoriais.

3. Obstáculo para Cooperação Econômica Bilateral:

- *Barreiras à Cooperação Bilateral:* Acordos comerciais e projetos conjuntos entre Venezuela e Guiana enfrentam obstáculos devido à falta de clareza sobre a soberania do Essequibo. A incerteza territorial pode levar à relutância em estabelecer parcerias econômicas mais robustas.

4. Variações nos Preços de Commodities:

- *Suscetibilidade a Variações de Preços:* Ambos os países, especialmente a Guiana com a descoberta de petróleo, podem ser suscetíveis a variações nos preços das commodities. A instabilidade política e as incertezas podem agravar os efeitos de flutuações nos mercados globais.

5. Ameaça à Estabilidade Macroeconômica:

- *Desafios para a Estabilidade Econômica:* A persistência da disputa pode criar instabilidade macroeconômica. A incerteza territorial pode afetar indicadores econômicos, como taxas de câmbio, inflação e investimento estrangeiro direto.

6. Cooperação Regional Limitada:

- *Impacto na Integração Regional:* A disputa pode limitar a cooperação econômica e a integração regional. A relutância em participar de acordos e iniciativas conjuntas pode prejudicar oportunidades de crescimento econômico para ambos os países e seus vizinhos.

7. Desafios para a Diversificação Econômica:

- *Restrições à Diversificação:* A falta de clareza sobre o Essequibo pode representar um desafio para a diversificação econômica. A dependência de setores específicos, como a exploração de recursos naturais, pode dificultar a criação de uma base econômica mais ampla e resistente.

8. Custos Humanos e Sociais:

- *Impacto nas Populações Locais:* Além das implicações econômicas, as disputas territoriais também podem ter custos humanos e sociais, afetando as comunidades locais que dependem da região em disputa para meios de subsistência e desenvolvimento.

A resolução da disputa do Essequibo não apenas mitigaria essas consequências econômicas, mas também abriria caminho para oportunidades de desenvolvimento regional e cooperação econômica mais ampla na América do Sul. Enquanto as tensões persistirem, os desafios econômicos associados à disputa continuam a ser uma preocupação para ambas as nações envolvidas.

8. SITUAÇÃO ATUAL E PERSPECTIVAS FUTURAS

1. Tensões Persistem:

- Tensões contínuas entre Venezuela e Guiana em relação à soberania da região do Essequibo persistem. Ambos os países mantêm posições firmes em suas reivindicações territoriais, e não houve uma resolução abrangente da disputa.

- **Eleitores da Venezuela aprovam em referendo criação de um novo estado em Essequibo, na Guiana**

  Maduro divulga 'novo mapa' da Venezuela com incorporação de Essequibo e anuncia licenças para explorar petróleo na região

  Presidente venezuelano determinou que mapa seja publicado e levado até escolas e universidades. Versão traz território da Guiana que Venezuela diz ser sua. Referendo no domingo aprovou anexação da área, na fronteira com Brasil, acirrando tensões por um conflito regional.

2. Envolvimento de Organizações Internacionais:

- Organizações internacionais, como a ONU e a OEA, continuam a desempenhar papéis importantes na mediação e facilitação de diálogos entre as partes. No entanto, até o momento, não houve um avanço significativo em direção a uma solução duradoura.

3. Descoberta de Recursos Naturais:

- A descoberta de extensas reservas de petróleo na costa do Essequibo acrescentou uma dimensão econômica significativa à disputa. Essa descoberta aumentou as tensões, já que ambas as nações buscam controlar e explorar esses recursos valiosos.

4. Implicações Regionais e Internacionais:

- A disputa tem implicações para a estabilidade regional, afetando as relações entre os países vizinhos e atraindo a atenção de potências externas interessadas nos recursos naturais da região.

5. Mediação Internacional em Andamento:

- Os esforços de mediação internacional continuam, mas a complexidade da disputa e as questões políticas subjacentes tornam desafiador alcançar uma resolução abrangente. Diálogos diretos entre os líderes dos dois países e a participação de mediadores externos foram parte das iniciativas para encontrar uma solução.

6. Desafios na Implementação de Acordos:

- Mesmo quando ocorrem diálogos construtivos ou acordos são alcançados em certos aspectos, a implementação prática desses acordos pode ser um desafio, dada a natureza histórica e sensível da disputa.

7. Incertezas Futuras:

- A natureza dinâmica das relações internacionais e das disputas territoriais implica que o cenário pode evoluir ao longo do tempo. Incertezas persistem em relação ao caminho futuro da disputa do Essequibo.

É importante observar que as informações podem ter evoluído desde minha última atualização, e novos desenvolvimentos podem ter ocorrido. Recomenda-se verificar fontes de notícias confiáveis para obter as informações mais recentes sobre a disputa do Essequibo entre Venezuela e Guiana.

A resolução da disputa territorial entre Venezuela e Guiana sobre o Essequibo

São um desafio complexo que requer esforços diplomáticos e compromissos de ambas as partes. Embora não haja soluções simples, alguns caminhos potenciais para uma resolução podem incluir:

1. Diálogo Contínuo:

- Incentivar e manter um diálogo contínuo entre representantes de Venezuela e Guiana. O engajamento direto é fundamental para a construção de confiança e compreensão mútua.

2. Mediação Internacional Reforçada:

- Aumentar os esforços de mediação por organizações internacionais, como a ONU e a OEA. A presença de mediadores neutros pode ajudar a facilitar discussões e criar um ambiente propício para a resolução.

3. Compromissos Regionais:

- Buscar o apoio e envolvimento de outros países da região para promover uma solução regionalmente aceitável. Uma abordagem multilateral pode fornecer um contexto mais amplo para o diálogo.

4. Cooperação em Setores Não-Controversos:

- Identificar áreas de cooperação que não estejam diretamente relacionadas à disputa territorial. Isso pode incluir colaboração em questões ambientais, desenvolvimento econômico ou cooperação em setores que não sejam objeto de disputa.

5. Arbitragem Internacional:

- Considerar a possibilidade de recorrer a um tribunal de arbitragem internacional para resolver aspectos específicos da disputa. Esse caminho requer o consentimento de ambas as partes e pode ser uma abordagem para questões legais específicas.

6. Formulação de Compromissos Graduais:

- Buscar compromissos graduais que possam representar concessões de ambas as partes. Isso poderia envolver a demarcação temporária de fronteiras ou acordos específicos sobre o uso de recursos na região disputada.

7. Participação da Sociedade Civil:

- Incentivar a participação da sociedade civil, acadêmicos e especialistas em discussões sobre a resolução da disputa. Isso pode trazer perspectivas adicionais e promover um entendimento mais amplo da situação.

8. Abordagem Pragmática:

- Adotar uma abordagem pragmática para a resolução, reconhecendo as realidades políticas e históricas, ao mesmo tempo em que busca soluções que beneficiem ambas as partes.

9. Envolvimento de Potências Externas:

- Buscar o envolvimento construtivo de potências externas, garantindo que seu interesse na região seja canalizado para promover a estabilidade e a resolução pacífica, em vez de intensificar as tensões.

10. Enfatizar Desenvolvimento Sustentável:

- Colocar ênfase no desenvolvimento sustentável da região disputada, visando beneficiar as comunidades locais e mitigar as preocupações econômicas subjacentes à disputa.

A resolução da disputa do Essequibo exigirá flexibilidade, diplomacia persistente e um compromisso genuíno de ambas as partes em encontrar soluções mutuamente aceitáveis. É fundamental reconhecer que o caminho para uma resolução pacífica pode envolver etapas graduais e exigirá a cooperação de diversas partes interessadas.

Considerações Finais: A Disputa do Essequibo e os Desafios da Diplomacia

A disputa territorial entre Venezuela e Guiana pelo Essequibo é um capítulo complexo e multifacetado na história geopolítica da América do Sul. Ao explorarmos os eventos históricos, como o Laudo de Paris de 1899, e considerarmos as implicações atuais, torna-se evidente que os desafios da diplomacia na resolução dessas questões são significativos.

A história da disputa destaca não apenas as consequências territoriais, mas também as dimensões políticas, econômicas e sociais que moldaram as relações entre os dois países e tiveram impactos duradouros. A contestação inicial do Laudo de Paris pela Venezuela, o ressentimento nacional decorrente das percepções de perda de território e as tensões diplomáticas subsequentes ilustram a sensibilidade dessa questão.

A persistência das disputas ao longo das décadas reflete a complexidade subjacente à resolução de questões territoriais e a necessidade de uma abordagem diplomática persistente. Os esforços de mediação internacional, a busca por diálogo direto e a ênfase na cooperação regional são elementos cruciais para a promoção de soluções duradouras e pacíficas.

À medida que a região do Essequibo continua a atrair a atenção devido à descoberta de recursos naturais, torna-se ainda mais imperativo que as partes envolvidas se comprometam com processos diplomáticos construtivos. A cooperação internacional, envolvendo organizações como a ONU e a OEA, pode desempenhar um papel fundamental na facilitação do diálogo e na busca por soluções que beneficiem ambas as nações e promovam a estabilidade regional.

Agradecimento: À Busca Pela Compreensão e Resolução Pacífica

Expressamos nosso profundo agradecimento àqueles que buscam compreender e abordar a disputa do Essequibo de maneira construtiva. O entendimento aprofundado desse complexo cenário é essencial para promover uma resolução justa e pacífica. Reconhecemos a importância dos esforços contínuos de diplomatas, líderes políticos, acadêmicos e aqueles que dedicam seus esforços à promoção da estabilidade e cooperação na América do Sul.

Que a busca pela compreensão e resolução pacífica prevaleça, abrindo caminho para um futuro no qual as nações possam colaborar para o benefício mútuo e contribuir para o desenvolvimento sustentável da região.

Agradecemos a todos aqueles comprometidos com a construção de pontes, superando desafios históricos e construindo um caminho em direção a uma convivência pacífica e cooperativa.

Professor João Monteiro de Castro